Minun kaikista kaunein uneni

Мой самый прекрасный сон

Lastenkirja kahdella kielellä

Lataa äänikirja täällä:

www.sefa-bilingual.com/mp3

Ilmainen pääsy salasanalla:

```
suomi:  BDFI1518
venäjä: BDRU2730
```

Cornelia Haas · Ulrich Renz

Minun kaikista kaunein uneni

Мой самый прекрасный сон

Kaksikielinen lastenkirja,
mukana äänikirja ladattavaksi

Käännös:

Janika Tuulia Konttinen (suomi)

Oleg Deev, Valeria Baden (venäjä)

Lulu ei pysty nukahtamaan. Kaikki muut näkevät jo unta – hai, elefantti, pieni hiiri, lohikäärme, kenguru, ritari, apina, lentäjä. Ja vauvaleijona. Myös nallen silmät painuvat jo melkein kiinni …

Hei nalle, otatko minut mukaan uneesi?

Лулу не спится. Все остальные уже видят сны – акула, слон, маленькая мышка, дракон, кенгуру, рыцарь, обезьяна, пилот. И львёнок. Даже у медвежонка закрываются глаза …

Эй, Мишка, возьмёшь меня в свой сон?

Ja niin jo on Lulu Nalle-Unimaassa. Nalle kalastaa Tagayumi-järvellä. Ja Lulu ihmettelee, kuka tuolla ylhäällä puissa mahtaa asua?

Kun uni päättyy, tahtoo Lulu seikkailla vielä lisää. Tule mukaan, menemme käymään hain luona! Mistä se mahtaa nähdä unta?

И вот Лулу в стране сновидений медведя. Мишка ловит рыбу в озере Тагаюми. И Лулу спрашивает себя, кто бы мог жить сверху на деревьях?

Сон закончился, но Лулу хочет больше приключений. Давай навестим акулу! Что ей снится?

Hai leikkii hippaa kalojen kanssa. Vihdoinkin hänellä on ystäviä! Kukaan ei pelkää hänen teräviä hampaitaan.
Kun uni päättyy, tahtoo Lulu seikkailla vielä lisää. Tulkaa mukaan, menemme käymään elefantin luona! Mistä se mahtaa nähdä unta?

Акула играет в салки с рыбами. Наконец-то у неё есть друзья! Никто не боится её острых зубов.

Сон закончился, но Лулу хочет больше приключений. Давай навестим слона! Что ему снится?

Elefantti on kevyt kuin höyhen ja pystyy lentämään! Pian se laskeutuu taivasniitylle.

Kun uni päättyy, tahtoo Lulu seikkailla vielä lisää. Tulkaa mukaan, menemme käymään pienen hiiren luona! Mistä se mahtaa nähdä unta?

Слон – лёгкий, как пёрышко, и может летать! Вот он приземляется на небесную лужайку.

Сон закончился, но Лулу хочет больше приключений. Давай навестим маленькую мышку! Что ей снится?

Pieni hiiri katselee tivolia. Eniten hän pitää vuoristoradasta.
Kun uni päättyy, tahtoo Lulu seikkailla vielä lisää. Tulkaa mukaan, menemme käymään lohikäärmeen luona! Mistä se mahtaa nähdä unta?

Маленькая мышка наблюдает за ярмаркой. Больше всего ей нравятся американские горки.

Сон закончился, но Лулу хочет больше приключений. Давай навестим дракона! Что ему снится?

Lohikäärmeellä on jano tulen syöksemisestä. Mieluiten se haluaisi juoda kokonaisen limonadijärven tyhjäksi.

Kun uni päättyy, tahtoo Lulu seikkailla vielä lisää. Tulkaa mukaan, menemme käymään kengurun luona! Mistä se mahtaa nähdä unta?

Дракон долго плевался огнём, и теперь очень хочет пить. Он готов выпить целое озеро лимонада.

Сон закончился, но Лулу хочет больше приключений. Давай навестим кенгуру! Что ему снится?

Kenguru hyppii läpi makeistehtaan ja ahtaa pussinsa täyteen. Vielä lisää sinisiä karkkeja! Ja lisää tikkareita! Ja suklaata!

Kun uni päättyy, tahtoo Lulu seikkailla vielä lisää. Tulkaa mukaan, menemme käymään ritarin luona! Mistä se mahtaa nähdä unta?

Кенгуру прыгает по кондитерской фабрике и набивает себе полную сумку. Ещё больше синих сладостей! И ещё леденцов! И шоколада! Сон закончился, но Лулу хочет больше приключений. Давай навестим рыцаря! Что ему снится?

Ritari käy kakkusotaa unelmiensa prinsessan kanssa. Ooh! Kermakakku menee ohi!

Kun uni päättyy, tahtoo Lulu seikkailla vielä lisää. Tulkaa mukaan, menemme käymään apinan luona! Mistä se mahtaa nähdä unta?

Рыцарь устраивает метание торта друг в друга с принцессой своей мечты. Ой! Сливочный торт пролетает мимо!

Сон закончился, но Лулу хочет больше приключений. Давай навестим обезьяну! Что ей снится?

Kerrankin apinamaassa on satanut lunta! Koko apinajoukko on riemuissaan ja pelleilee.

Kun uni päättyy, tahtoo Lulu seikkailla vielä lisää. Tulkaa mukaan, menemme käymään lentäjän luona, mihin uneen hän on mahtanut laskeutua?

Наконец-то в стране обезьян пошёл снег! Вся обезьянья орава была вне себя и устроила балаган.

Сон закончился, но Лулу хочет больше приключений. Давай навестим пилота! В каком сне он находится?

Lentäjä lentää ja lentää. Maailman loppuun ja vielä eteenpäin tähtiin asti. Siihen ei ole vielä kukaan toinen lentäjä pystynyt.

Kun uni päättyy, ovat kaikki jo hyvin väsyneitä, eivätkä he tahdo enää seikkailla niin paljon. Mutta vauvaleijonan luona he haluavat vielä käydä.

Mistä se mahtaa nähdä unta?

Пилот летит и летит. До края земли и ещё дальше к звёздам. Это не удавалось ни одному другому пилоту.

Когда сон закончился, все уже очень устали и больше не хотят ничего. Но львёнка захотели они всё же навестить. Что ему снится?

Vauvaleijonalla on koti-ikävä ja se haluaa takaisin lämpimään, pehmoiseen petiin.
Ja muut myös.

Ja siellä alkaa ...

Львёнок тоскует по дому и хочет обратно в свою тёплую и уютную постель.
И остальные тоже.

И тогда начинается ...

... Lulun kaikista kaunein uni.

... самый прекрасный сон Лулу.

Cornelia Haas syntyi 1972 Ichenhausenissa Augsburgissa (Saksa). Hän opiskeli muotoilua Münsterin ammattikorkeakoulussa ja valmistui sieltä diplomi-muotoilijaksi. Vuodesta 2001 lähtien hän kuvittaa lasten- ja nuortenkirjoja, vuodesta 2013 lähtien hän opettaa akryyli- ja digitaalimaalauksen dosenttina Münsterin ammattikorkeakoulussa.

Корнелия Хаас родилась недалеко от Аугсбурга (Германия) в 1972 году. Она изучала дизайн в Университете прикладных наук Мюнстера и получила степень в области дизайна. С 2001 года она иллюстрирует книги для детей и подростков, с 2013 года она преподает акриловую и цифровую живопись в Университете прикладных наук Мюнстера.

www.cornelia-haas.de

Väritätkö mielelläsi?

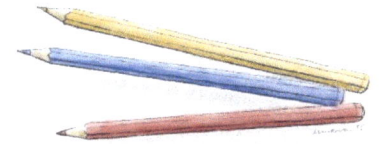

Täältä löydät kaikki tarinan kuvat väritettäviksi:

www.sefa-bilingual.com/coloring

Pidä hauskaa!

Hyvä lukija,

kuinka hienoa, että olet löytänyt kirjani! Jos se oli mieleesi (ja varsinkin lapsesi mieleen), välitä se mieluusti eteenpäin, Facebook-tykkäyksenä tai ystävillesi lähetetyn sähköpostin kautta:

www.sefa-bilingual.com/like

myös kommentista tai arvostelusta tulisin todella iloiseksi. Tykkäykset ja kommentit ovat kehuja kirjailijoille, sydämelliset kiitokset!

Odota vielä kärsivällisesti, jos kielellesi ei vielä löydy äänikirjaversiota! Teemme töitä sen eteen, että kaikilla kielillä olisi saatavilla äänikirjaversio. Tilannekatsauksen saat „kielitaikahatustamme" Internet-sivuillamme:

www.sefa-bilingual.com/languages

Nyt haluan kuitenkin esitellä lyhyesti itseni: Synnyin 1960 Stuttgartissa, yhdessä kaksoisveljeni Herbertin kanssa (josta myös tuli kirjailija). Opiskelin Pariisissa ranskalaista kirjallisuutta ja muutamaa kieltä, sen jälkeen Lyypekissä lääketiedettä. Urani lääkärinä jäi kuitenkin lyhyeksi, sillä jo pian tulivat kirjat mukaan kuvioihin: ensin lääketieteelliset ammattikirjat, joiden julkaisijana ja kustantajana toimin, myöhemmin asiateokset ja lastenkirjat.

Asun vaimoni Kirstenin kanssa Lyypekissä aivan pohjoisessa Saksassa, yhdessä meillä on kolme (nyt jo aikuista) lasta, koira, kaksi kissaa ja pieni kustantamo: Sefa Verlag.

Se, joka haluaa tietää minusta lisää, voi käydä Internet-sivuillani ja ottaa sitä kautta minuun myös mieluusti yhteyttä: **www.ulrichrenz.de**

Sydämellisin terveisin,

Ulrich Renz

Lulu suosittelee lisäksi:

ISBN: 9783739909776

Nuku hyvin, pieni susi

Lapsille yli 2-vuotiaiden

mukana äänikirja

Timiä ei nukuta. Hänen pieni sutensa on kadonnut! Unohtuikohan se ulos? Aivan yksin hän uskaltautuu pimeään yöhön – ja saa mukaansa odottamattomia vieraita....

Saatavilla kielilläsi?

► Katso „kielitaikahatustamme":

www.sefa-bilingual.com/language-wizard-wolf

ISBN: 9783739970035

Villijoutsenet

Perustuen Hans Christian Andersenin satuun

ikäsuositus: 4-5. ikävuodesta eteenpäin

mukana äänikirja

Hans Christian Andersenin „Villijoutsenet" ei ole syyttä yksi maailman luetuimmista saduista. Ajattomassa muodossaan se käsittelee inhimillisten näytelmien aiheita: pelkoa, rohkeutta, rakkautta, pettämistä, eroa ja uudelleen löytämistä.

Saatavilla kielilläsi?

▶ Katso „kielitaikahatustamme":

www.sefa-bilingual.com/language-wizard-swans

More of me ...

Bo & Friends

▶ Children's detective series in three volumes. Reading age: 9+

▶ German Edition: „Motte & Co" ▶ www.motte-und-co.de

▶ Download the series' first volume, „Bo and the Blackmailers" for free!

www.bo-and-friends.com/free

© 2019 by Sefa Verlag Kirsten Bödeker, Lübeck, Germany

www.sefa-verlag.de

IT: Paul Bödeker, München, Germany

All rights reserved. No part of this book may be reproduced without the written consent of the publisher.

ISBN: 9783739963136

Version: 20190101

www.sefa-bilingual.com

www.ingramcontent.com/pod-product-compliance
Lightning Source LLC
LaVergne TN
LVHW070451080526
838202LV00035B/2798